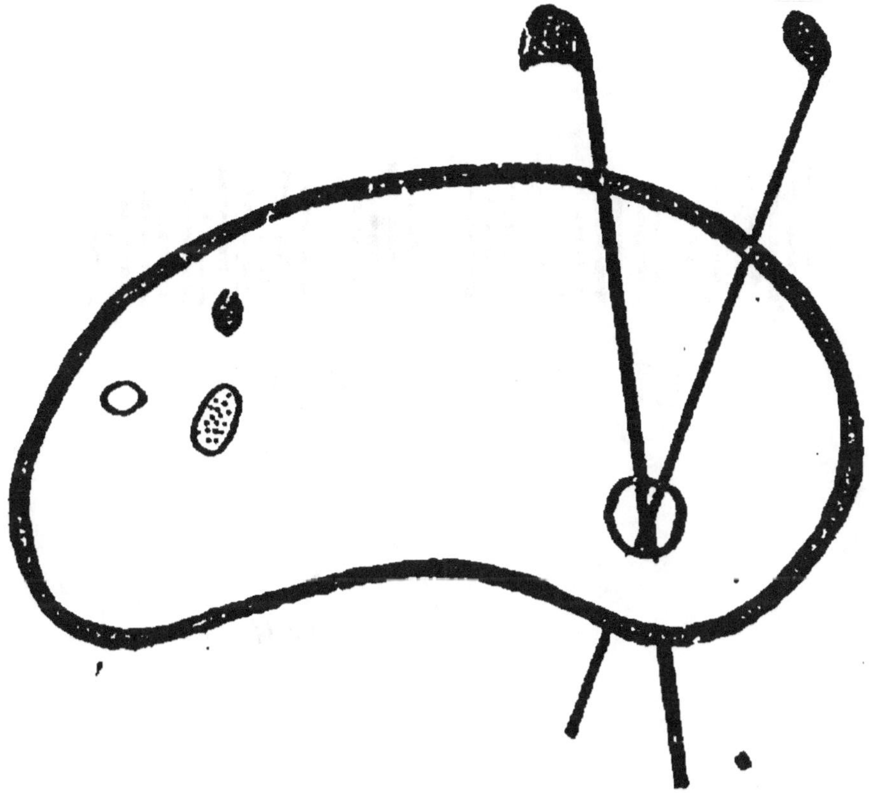

DEBUT D'UNE SERIE DE DOCUMENTS
EN COULEUR

LA COMMUNE

DE

Châteauneuf-de-Galaure

ET SON CHATEAU

PAR

Joseph BORDAS

Membre de la Société d'Archéologie et de Statistique de la Drôme

VALENCE

IMPRIMERIE VALENTINOISE, PLACE SAINT-JEAN

—

1896

Valence. — Imprimerie Valentinoise, Place Saint-Jean.

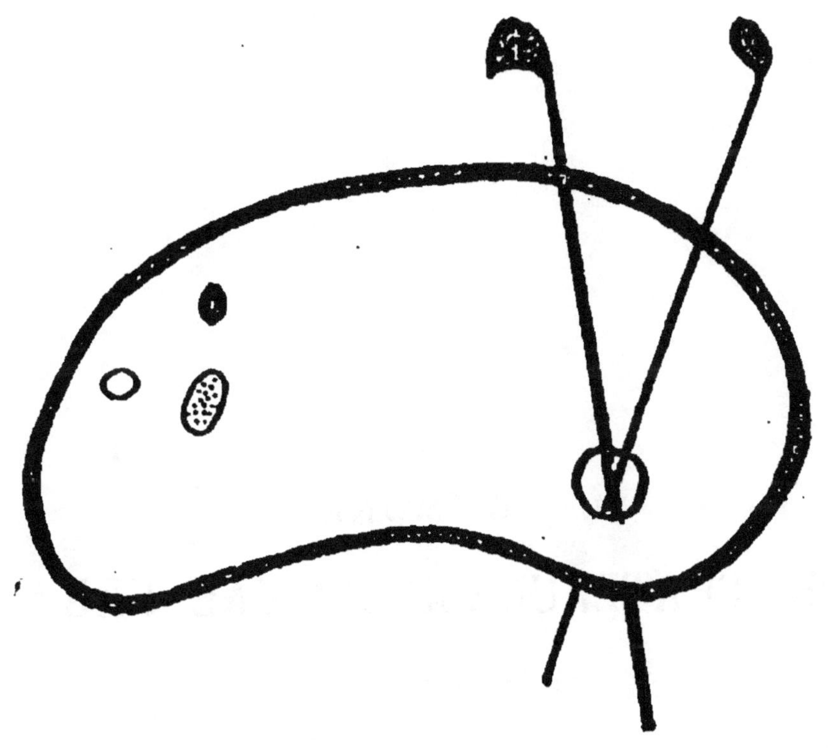

FIN D'UNE SERIE DE DOCUMENTS
EN COULEUR

LA COMMUNE

DE CHATEAUNEUF-DE-GALAURE

ET SON CHATEAU

LA COMMUNE

DE

Châteauneuf-de-Galaure

ET SON CHATEAU

PAR

Joseph BORDAS

Membre de la Société d'Archéologie et de Statistique de la Drôme

VALENCE

IMPRIMERIE VALENTINOISE, PLACE SAINT-JEAN

—

1896

A Monsieur

JOACHIM JASSOUD

Propriétaire

à Châteauneuf-de-Galaure (Drôme).

J'ai déjà décrit bien des sites et bien des villages de notre beau Dauphiné.

Permettez-moi, aujourd'hui, de dédier l'histoire de ce coin charmant de la vallée de Galaure, de cette terre de Châteauneuf, à vous, mon parent et le chef d'une famille dont elle fut le berceau.

Votre dévoué,

JOSEPH BORDAS.

Le Chiny, près Saint-Martin-d'Août,
par Châteauneuf-de-Galaure, le 8 décembre 1896.

LA COMMUNE

DE

CHATEAUNEUF - DE - GALAURE

ET SON CHATEAU

Parmi les dix-huit communes, qui forment le canton de St-Vallier-sur-Rhône, celle de Châteauneuf-de-Galaure en est une des plus importantes.

Elle est divisée en trois sections : Châteauneuf-de-Galaure, Saint-Bonnet-de-Galaure (1), Treigneux.

Sa population est divisée en autant de paroisses, *Château-neuf* avec 676 âmes, *Saint-Bonnet* 539, *Treigneux*, qui appartient par moitié aux deux cantons de St-Vallier (commune de Châteauneuf) et du Grand-Serre (commune d'Hauterives), compte 137 habitants sur la commune de Châteauneuf et autant sur celle d'Hauterives ; ce qui donnerait à la commune de Châteauneuf, une population de 1352 habitants ; cette population est toute catholique.

Le village de Châteauneuf, chef-lieu de la commune, est

---

(1) Saint-Bonnet voudrait être érigé en commune, la question est connue depuis longtemps et on ne comprend pas ce qui s'oppose à la séparation formulée par les habitants.

St-Bonnet possède une église, un cimetière et des écoles, par conséquent tous les éléments principaux de la vie communale. Il est obligé de faire un assez long parcours, pour se rendre à la mairie de Châteauneuf ; il a, d'autre part, le nombre d'habitants et les ressources suffisantes pour constituer une commune distincte.

traversé, du nord-ouest au sud-est, par la route de Vienne à Romans, coupant à l'est, au-dessous du village (hôtel de la Gare) le chemin de grande communication de St-Vallier à Roybon.

La route de Vienne à Romans se déroule comme un immense serpent, du sommet des côteaux des *Mollinots,* couronnant les quartiers du *Château* et de *Chenevalaire,* pour descendre au village, par des replis tortueux.

Châteauneuf est situé à mi-côte, le long de cette route et s'étend au-dessous de l'église, point culminant au nord, et au-dessous du château, point culminant à l'ouest. Il suit en descendant du nord au sud, la direction de la route.

Une ligne de maisons, presque toutes neuves ou réparées à neuf, s'étagent non sans élégance, sur un parcours de cinq à six cents mètres environ, du château et de l'église à la route de Saint-Vallier à Roybon.

Le coup d'œil de ces habitations encadrées dans les jardins ou couronnées d'arbres, surtout à l'ouest, est des plus saisissants et des plus pittoresques.

Cette commune est traversée du sud-ouest au nord-est, par le chemin de grande communication de St-Vallier à Roybon (Isère) et par le chemin de fer à voie étroite de Grand-Serre-Saint-Clair à Saint-Vallier. Cette voie ferrée a été livrée à la circulation, le dimanche 29 octobre 1893. La gare se trouve sur le côté droit de la route, à cent mètres environ de l'hôtel Chorier, aujourd'hui hôtel de la Gare. Elle dessert Châteauneuf et les communes environnantes, telles que Saint-Martin-d'Août, Saint-Avit, Ratières, etc...

Châteauneuf-de-Galaure est essentiellement rural, son agglomération principale est peuplée surtout par ceux qui représentent les petites industries nécessaires à la vie agricole. On y compte, en effet, un charron, deux maréchaux-ferrants, quatre cordonniers, un sabotier, trois marchands de nouveautés, deux marchands quincailliers et de fers, quatre tailleurs d'habits, trois magasins de modes, cinq menuisiers, quatre maçons, deux bourreliers, trois coquetiers, un boulanger, douze épiciers et douze cafetiers.

Châteauneuf est le siège d'une étude de notaire fort ancienne dans le pays.

Un bureau de postes et télégraphe y a été installé depuis bientôt vingt ans. La circonscription postale de ce bureau comprend : les communes de Châteauneuf, de Saint-Martin-d'Août et de Saint-Avit.

La topographie de cette commune s'étend du nord au sud, entre la route de St-Vallier au Grand-Serre et les côteaux qui longent cette route à l'ouest, et au-delà de la route et de la rivière de la Galaure (1). Jusqu'au pied des côteaux de Saint-Martin-d'Août et de Tersanne (quartiers de Charrières, des Béliers et du moulin Chavoix) ; — à l'ouest, elle confine par la rivière de *Bancel* et la route de Vienne à Romans au territoire de la commune de Saint Sorlin-en-Valloire, dont elle est séparée par la rivière de *Bancel*.

Cette petite rivière qui se jette dans le Rhône, à Andancette, fait la limite entre les cantons de Saint-Vallier et du Grand-Serre, à l'est et à l'ouest.

Les plus grandes hauteurs des côteaux atteignent trois cents mètres environ, sur toute la ligne de Treigneux à Saint-Bonnet-de-Galaure, du nord-ouest au sud-ouest.

La distance de Châteauneuf à Saint-Vallier est de quatorze kilomètres et celle de Châteauneuf à Valence de quarante-six kilomètres.

---

(1) La Galaure fait mouvoir, dans cette commune, les roues de sept usines, dont six moulins à farine et une papeterie.

Cette rivière, formée par deux ruisseaux, le *Grignon* et l'*Aygue-noire*, sort de Roybon (Isère). Elle baigne les *Loires*, le village de Montfalcon, le Pérouzet, Saint-Clair et entre dans le département de la Drôme, à trois kilomètres en amont du Grand-Serre. Elle reçoit le *Gallaveyson*, à Saint-Germain, non loin du château du Châtelard où est mort, le 10 septembre 1893, le général de Miribel, chef d'état-major général de l'armée. Elle traverse les communes d'Hauterives, Châteauneuf-de-Galaure, Mureils, Lamotte-de-Galaure, Saint-Uze, Saint-Barthélemy-de-Vals, les gorges pittoresques de Vals, où l'on remarque : Les restes de l'antique manoir de Louis XI, les trois chapelles de Notre-Dame-de-Vals, Sainte-Euphémie et Saint-Joseph-de-Vals ; la papeterie Nikly de Montgolfier ; la roche taillée en 1780 ; la roche percée en 1893 pour livrer passage à la voie ferrée ; la cité ouvrière, la papeterie de la Ferrandinière ; les pans de murailles envahis par les lierres d'un antique sanctuaire dédié à Notre-Dame-de-Lorette. *Laval*, ancienne maison de campagne de M. Paul Sauzet, grand orateur, qui fut l'un des éloquents défenseurs des ministres de Charles X, ancien ministre de la Justice et des cultes, ancien président de la Chambre des députés et l'un des écrivains politiques les plus dévoués du St-Siège.

La borne kilométrique, placée à l'intersection des deux routes, indique les distances de la manière suivante :

DROME

Chemin de grande communication n° 3
DE ROMANS A VIENNE

⟶

Saint-Sorlin-en-Valloire . . . . 8 k.
Epinouze, station du chemin de
    fer de Grenoble . . . . . 10 k. 300
Vienne . . . . 44 k.

⟵

Saint-Donat . . . . 14 k. 300
Romans . . . . 25 k. 300

Chemin de grande communication n° 1
DE SAINT-VALLIER A ROYBON

⟶

Saint-Uze . . . . 0 k.
Saint-Vallier . . . . . . 14 k.

⟵

Hauterives . . . . 7 k.
Grand-Serre . . . . . . 13 k.
Roybon . . . . 28 k.

Sa superficie est de 1808 hectares, soit en terres cultivées, soit en prairies, en bois, d'ailleurs peu étendus, situés entre Châteauneuf et Treigneux, au quartier de *Merlin* et au quartier de *Bancel* ; et sur St-Bonnet, au quartier des *Mauilles*, et quelques bois au-delà de la Galaure, entre Châteauneuf, Saint-

Martin-d'Août et Saint-Avit. On ne rencontre pas de grandes forêts dans cette commune. Le tremble, le châtaignier, le hêtre et le chêne dominent dans ces bouquets de bois généralement taillis.

La composition géologique du sol peut être ainsi appréciée, d'après les divers quartiers et sections de cette commune : de Treigneux à St-Bonnet, sur le vaste plateau situé du nord-ouest au sud-ouest, cailloux roulés, argile marneuse et silice mélangés, traces de minerais de fer dans des blocs de graviers agglutinés, à une profondeur variable, sable et gravier.

Sur les flancs des côteaux nord-ouest, sud-ouest, carrière de molasse, sable marneux, graviers et pouddings, traces de lignite, pierre jaune composée de carbonate de chaux, d'argile et de silice dont on forme des briques et des blocs réfractaires au feu.

On remarque des fossiles et des coquillages dans des excavations profondes qui dominent la route de Vienne à Romans, au sud-ouest, au-dessus du village dans les rampes du quartier des *Mottinots*.

Des ravins des *Mottinots* sortent des eaux abondantes, traversant des collines de sable et des galeries souterraines, creusées de mains d'hommes. Ces eaux donnent une abondante source au village, sur la place publique et à divers propriétaires et notamment à la Merlière (1).

Dans les ravins et coteaux de la section de Saint-Bonnet, où se trouve la même composition géologique, nous ne connaissons que des sables et marnes friables unis parfois à l'argile et à la silice, mais sans aucun fossile ni dépôt coquillier.

---

(1) La Merlière est une grosse maison carrée avec fenêtres à croisillons, située au pied d'un mamelon boisé, à l'est et à cent mètres environ du village de Châteauneuf. L'abondance de ses eaux, ses frais ombrages, sa position riante, l'étendue et la fertilité de ses terres, en font, sans contredit, l'un des plus beaux domaines de la vallée.

Il avait appartenu aux Clermont-Chatte et ensuite aux Bocon de la Merlière ; l'un d'eux, d'après M. André Lacroix (Bulletin de la Société d'archéologie, liv. 115, année 1895), Charles, était châtelain de Châteauneuf en 1624, et François, trésorier de France au XVIIIe siècle.

Un fils de ce dernier devint évêque d'Apt, de 1752 à 1778 ; il s'appelait Félicien et reçut le baptême le 8 avril 1718, à Châteauneuf-de-Galaure ; le

Dans les prairies, aussi bien que dans le lit de la Galaure, sable mêlé d'argile, parfois banc de marne, surtout dans le lit de la Galaure composé de cailloux roulés et de graviers.

La Galaure charrie du lignite, quoique en petite quantité. Ses bords escarpés, à l'est, du côté de Saint-Martin-d'Août et Saint-Avit sur le territoire de Châteauneuf, entre la route de Vienne à Romans et cette rivière et de Saint-Bonnet, quartier de *Marcandière*, renferment de nombreux gisements de molasse, plus ou moins dure.

Souvent la Galaure se creuse un passage, dans les rochers de molasse encombrant son lit et présentant de profondes cavités où l'on pêche d'excellentes truites.

Les eaux de la Galaure sont marécageuses, froides, impropres à la fertilisation des prairies. On lui préfère, pour l'arrosage, des eaux de sources, quand on peut les avoir.

Ces eaux de sources sont également très profondes et de nombreux habitants ne possèdent que des puits d'une profondeur assez considérable ; d'autres plus heureux peuvent faire jaillir des fontaines dans le voisinage de leurs demeures et alimenter des bassins à des usages domestiques.

Nous pensons avec M. André Lacroix, l'archiviste distingué du département de la Drôme et le secrétaire si sympathique de la Société d'archéologie du même département, qu'au temps des Gallo-Romains, une fortification avec une station

---

jour de sa naissance, ayant été tenu sur les fonts sacrés par François d'Arlende de Saleton, d'Anneyron et par Madeleine Bocen, de la Merlière.

Ce prélat, d'abord chanoine de Grenoble, fut sacré le 6 juin 1751 à Paris, se démit de ses fonctions en 1778, pour cause de maladie et mourut dans la capitale en 1789.

On voit encore, à la Merlière, la chambre de l'évêque.

La famille Jassoud en est propriétaire depuis de longues années ; l'un de ses membres, Pierre Jassoud, y est né le 21 avril 1791. A trois reprises il fut maire de Châteauneuf, de septembre 1821 à mars 1831, du mois de décembre 1831 au mois de décembre 1833 et enfin de 1848 au 14 août 1869, époque de sa mort. Durant sa longue administration, M. Pierre Jassoud avait su s'attirer l'amitié et le respect de ses concitoyens, aussi lorsqu'il s'est agi de lui rendre les derniers devoirs, la population de Châteauneuf tout entière et celle des environs suivirent son convoi funèbre.

C'est à la Merlière que naquit, le 7 novembre 1830, M. l'abbé Francisque Jassoud, mort curé de Murcils, à l'âge de 62 ans, le 8 janvier 1892, emporté rapidement par une fluxion de poitrine contractée en allant porter les secours de la religion à un malade de sa paroisse.

militaire romaine devait être établie sur l'emplacement du château actuel ; d'abord à cause de sa situation élevée, ensuite comme centre de plusieurs voies de communication, enfin comme poste de défense.

Dans le voisinage du château, nous avons retrouvé des débris de tuiles et briques dites sarrasines, en réalité gallo-romaines, ce qui confirmerait cette opinion.

En outre, des médailles romaines ont été trouvées dans le pays, entr'autres, une *colonia nemausensis* du IIe ou IIIe siècle ; ce qui établirait que Châteauneuf-de-Galaure *castrum novum de galabro* a été peuplé par une colonie peut-être militaire, composée de soldats venus de Nîmes.

Ces antiquités ne seraient pas les seules. Au quartier des *Doyats* et au quartier de *Marcandière*, on a découvert, à diverses reprises, des débris d'édifices incendiés, des marbres, des stylets, des armes, des monnaies des empereurs des IIIe et IVe siècles ; entr'autres de Marc-Aurèle, Commode, Aurélien, Septime-Sévère ; des tuiles et briques sarrasines et d'autres débris de petite dimension pour pavé, des restes de murailles incendiées, des fragments d'urnes cinéraires, le tout mêlé à des restes d'ossements calcinés d'hommes, de bœufs, de chevaux, etc., attestent le passage et le séjour des romains, dans nos pays.

Quant aux restes purement gaulois, on a découvert des sépultures très anciennes, dans des fragments de rochers alignés de l'orient à l'occident, non loin de l'église de *Saint-Nème* ou *Némèse*, aujourd'hui détruite, où l'on vient encore en pèlerinage, près d'une source d'une eau très-bonne, dit-on, pour les yeux.

Rappelons que *Saint-Nème* ou *Némèse* était un évêque d'Asie, honoré dans cette église, sans doute paroissiale autrefois, mais dont nous n'avons trouvé aucun titre ni aucune trace dans les archives et certainement très ancienne ainsi que le cimetière qui en dépendait et qui a été découvert, il y a quelques années, dans des vignes, sur les pentes des côteaux des *Rois* (1), au nord-ouest de Châteauneuf-de-Galaure.

---

(1) *Les Rois*, ancienne propriété de M. Jean-Louis Jassoud, juge au tribunal civil de Bourgoin, frère de M. Pierre Jassoud et père de M. l'abbé

On rencontre fréquemment dans les bois défrichés, sur les plaines, dans les ravins et le lit des torrents, notamment dans celui de la *Vermeille* (1), dans la Galaure même, des cailloux de diverses dimensions, travaillés et taillés en forme de hache plus ou moins parfaite, d'autres affectent les formes de hachettes tranchantes à l'extrémité inférieure et arrondies dans la partie supérieure, pour être emmanchées dans du bois ou quelque autre instrument.

C'est un souvenir de l'âge de Pierre et une trace qui atteste la présence des anciens gaulois dans nos contrées.

Le nom latin ou plutôt celtique de la rivière de la Galaure y prêterait aussi. *Galaber* (2) en langue celtique voudrait dire *rivière des Gaulois*.

D'où nous pouvons conclure au passage et au séjour des Romains, dans notre vallée, où les habitants de la colonie de Nîmes se seraient fondus avec les Gallo-romains, vers les IIe et IIIe siècles de notre ère chrétienne.

De nombreux fragments d'urnes cinéraires noircies par le

Francisque Jassoud. — Né à la *Merlière*, le 20 mai 1798, M. Jean-Louis Jassoud est décédé pieusement *aux Rois*, le 16 mai 1862, à l'âge de 62 ans.

Cette habitation est dénommée *les Rois*, à cause du séjour qu'y fit Charles IX, lors de son passage à Châteauneuf, en 1565. Cette demeure, habitée aujourd'hui, par la famille Danthony, venue d'Ozon (Ardèche), paraît remonter au XVe siècle. Elle est située au nord-est du village, sur une colline non loin de l'ancienne église de *Saint-Nème* ou *Némèse*.

C'est *aux Rois* que naquit, le 26 octobre 1861, M. Augustin Jassoud, interne des hôpitaux de Marseille, décédé dans cette ville, à peine âgé de 22 ans, le 8 avril 1886, victime de son dévouement auprès des varioleux de l'hôpital de la Conception.

(1) *La Vermeille* naît dans les bois de Tersanne et se dirige constamment vers l'ouest, dans un étroit vallon de prairies où elle fait mouvoir un moulin à farines, appelé dans le pays : *moulin de la Vermeille*, exploité par M. Alexandre Coulaud. Elle longe à droite la commune de Saint-Martin-d'Août et celle de Châteauneuf-de-Galaure et à gauche celle de Saint-Avit ; elle se jette dans la Galaure à Saint-Bonnet, au quartier des *Bayardières* après un parcours de 8 kilomètres environ.

(2) *Galaber*, Galaure, appelé au XVIIe siècle par un capucin de Charrières, *Galaber truttosus*, à cause de ses excellentes truites.

En français, Galaure veut dire rivière qui arrose une vallée d'or, à cause de la fécondité de la vallée de Galaure. — Dans le grec, ce serait rivière des belettes ou mieux de loutres. Cette étymologie pourrait avoir quelque vraisemblance ; en effet, on en rencontre encore de loin en loin, sur les rives de cette rivière.

feu et découverts soit dans le cimetière de Charrières (1), soit aux abords de l'ancienne église de *Saint Nème* ou *Némèse* confirmeraient-ils cette hypothèse, nous le pensons également.

Dans de nombreux cimetières de notre région, entr'autres ceux de *Charrières*, de Saint-Bonnet-de-Galaure et celui de *Saint-Nème* ou *Némèse*, on a découvert des fragments d'urnes cinéraires calcinées par le feu. Ces fragments étaient souvent mêlés avec des débris de tuiles sarrasines, des morceaux de rochers plats et minces et des cailloux également noircis ou calcinés par le feu. C'étaient là des sépultures gallo-romaines. Les Romains vainqueurs ayant assujetti les Gaulois vaincus à suivre les usages des vainqueurs, en matière de sépulture et à placer des urnes cinéraires dans les tombes, quand on ne brûlait pas les corps.

Les chrétiens, eux aussi, avaient adopté l'usage de ces urnes et plaçaient, à côté des corps de leurs frères confiés à la sépulture, dans les cimetières bénits, des urnes remplies de matières inflammables, graisse, encens, résines, etc., etc., on allumait ces urnes, au moment de l'enterrement, puis le feu s'éteignait dans la terre.

Cet usage s'est conservé pendant de longs siècles, dans les cimetières de l'occident de la France méridionale en particulier.

C'est ce qui explique la présence de ces débris, dans tous nos vieux cimetières qui n'étaient bien souvent, dans le principe, que des cimetières gallo-romains païens.

La présence d'inscriptions chrétiennes des croix ou d'autres emblèmes catholiques, au milieu de ces débris, peut seule faire reconnaître les sépultures chrétiennes, à partir du IVᵉ siècle.

Nous croyons le cimetière de *Charrières*, qui depuis le mois d'août 1890 a cessé d'être communal, pour très ancien, par suite de ces découvertes d'urnes cinéraires, dans plusieurs de ses parties.

---

(1) *Charrières*, hameau situé à 800 mètres du village de Châteauneuf, sur la rive gauche de la Galaure, célèbre autrefois par son couvent de Cordeliers, fondé en 1405 par Falque II de Montchenu, seigneur de Châteauneuf.

Voir *Simples notes sur Charrières, son couvent et son cimetière,* Imp. Valentinoise, 1894.

Nous pensons qu'il aurait été d'abord un cimetière gallo-romain, puis un cimetière catholique remontant au VIIIe ou Xe siècle, à cause de l'antique église de *Saint-Pierre*, située non loin de là et détruite depuis longtemps déjà.

Quoiqu'il en soit, le catholicisme était implanté depuis longtemps à Châteauneuf et dans la vallée de Galaure, quand a été reconstruite au commencement du Xe siècle, l'église et le chœur de Saint-Bonnet-de-Galaure (1) à la suite de la destruction d'une église plus ancienne, dans l'invasion sarrasine de 879 à 880 qui causa tant de ravages sur les bords du Rhône, de Marseille à Lyon et dans toutes les vallées adjacentes.

Les documents historiques font défaut sur Châteauneuf-de-Galaure aux Xe et XIe siècles. Quelques vestiges à peine visibles de son ancienne église semblent nous permettre de la faire remonter au XIIe siècle.

Les fondations d'une tour dépendant de l'enceinte de l'ancien château ont été retrouvées sur l'emplacement de l'église actuelle quand on l'a construite en 1833.

---

(1) M. l'abbé Alphonse Mathieu, aumônier de la communauté des sœurs de Saint-Joseph, à Saint-Vallier, ancien curé de Saint-Bonnet, a fait reconstruire cette nouvelle église en 1885, dans le genre gothique des XIIIe et XIVe siècles, avec les fonds provenant d'une souscription publique ouverte par lui, dans sa paroisse.

Madame veuve Ducreux, née Boffard, rentière aux *Doyats* et M. Antoine Vassy, propriétaire à *Marcandière*, l'un et l'autre sans enfant, y ont généreusement contribué par moitié, pour la somme de vingt-huit mille francs.

Cette nouvelle église, l'une des plus belles de la vallée, a été solennellement bénite, le dimanche 12 novembre 1880, par Mgr Charles Cotton, évêque de Valence.

A cinq cents mètres environ de l'église de Saint-Bonnet, il existe dans le clos du château de la *Bretonnière* une source d'eau dite de la *Sainte-Epine.*

Cette eau contient beaucoup de fer et de magnésie ; elle est appelée eau de la *Sainte-Epine,* parce qu'il y a dans la cour du château un petit local carré remontant au XVIIe siècle « autrefois chapelle dite de la Sainte-Epine, aujourd'hui buanderie » ; là, d'après une tradition, aurait été conservé un fragment d'une des épines de la couronne de N.-S. J.-C. ; épine donnée à un archevêque de Vienne par le roi S. Louis lui-même au XIIIe siècle. Sans doute l'archevêque de Vienne aura fait part de ce fragment aux Seigneurs de la Bretonnière.

Ce fragment fut caché pendant la révolution et plus tard, lors du rétablissement du culte, donné à l'église de St-Bonnet, et où il est conservé encore aujourd'hui dans une croix d'ébène, forme de reliquaire.

Cette église est restée sans clocher pendant cinquante-trois ans.

Depuis l'année 1886, les habitants ont embelli leur village d'un magnifique clocher en ciment de trente mètres de hauteur. Il s'élève majestueusement dans le jardin du presbytère, au nord-ouest de l'église.

Dans ce clocher, on a installé une horloge et trois belles cloches admirablement harmonisées et dont les carillons joyeux, aux jours de nos grandes fêtes de l'année, sont répétés par tous les échos des environs.

La première cloche est d'un poids de 608 kilogr., elle porte cette inscription :

PREMIÈRE CLOCHE. SOL

Souvenir du Jubilé du Cœur de Jésus
1875

DON DE LA COMMUNE
paroisse de Châteauneuf-de-Galaure

J'AI EU POUR PARRAIN M. HENRI FIGUET, MAIRE,
MEMBRE DU CONSEIL D'ARRONDISSEMENT ;
POUR MARRAINE, Mme RAVIT, NÉE ROSALIE REYNAUD.

M. CHARLES SOUCHIER (1)
Curé de la paroisse

M'A BAPTISÉE ET JE M'APPELLE

CLÉMENCE

MA VOIX IMPLORE POUR LES VIVANTS ET POUR LES MORTS,
LA MISÉRICORDIEUSE CLÉMENCE DU CŒUR DE JÉSUS.

---

(1) M. l'abbé Charles-Bonaventure Souchier, né en 1821, à Mirmande, dans le canton de Loriol (Drôme), est décédé à Châteauneuf-de-Galaure, le 5 novembre 1893, à l'âge de 71 ans. C'était un excellent prêtre, qui sous des dehors modestes, cachait une intelligence d'élite et un cœur d'apôtre zélé au possible. Ses funérailles ont eu lieu le jeudi 7 novembre 1893, avec le concours d'un nombreux clergé et au milieu de l'affluence de ses paroissiens, qu'il avait évangélisés pendant 23 ans (1870-1893).

On lit sur l'une des faces de la deuxième cloche, dont le poids est de 302 kilogrammes :

DEUXIÈME CLOCHE. SI

Paroisse de Châteauneuf-de-Galaure
Souvenir du Jubilé
1875

DON DES PERSONNES GÉNÉREUSES DE LA PAROISSE

J'AI EU POUR PARRAIN M. GINOT (1), TRÉSORIER
DU CONSEIL DE FABRIQUE,
POUR MARRAINE Mme LAROCHE (2).

M. CHARLES SOUCHIER
curé de la paroisse

M'A BAPTISÉE ET JE M'APPELLE

MARIE-IMMACULÉE

CÉLÉBREZ AVEC MOI LES LOUANGES DE LA MÈRE CÉLESTE
AVE MARIA

---

(1) M. Barthélemy-Simon Ginot est né à Claveyson en 1810. Pendant 31 ans, de 1830 à 1861, il fut instituteur dans cette commune et pendant 48 ans, de 1840 à 1888, il exerça les fonctions de secrétaire de la mairie. M. Ginot est décédé à Châteauneuf, à l'âge de 80 ans, le 21 août 1890.

(2) Madame Lorette-Marie-Thérèse Guillot, veuve de M. Antoine Laroche, ancien notaire, ancien maire de Châteauneuf, née à St-Vallier en 1809, est décédée à l'âge de 78 ans à Châteauneuf, le 17 août 1887.

Le poids de la troisième cloche est de 175 kilogr. Voici également son inscription :

TROISIÈME CLOCHE. MI
Paroisse de Châteauneuf-de-Galaure
Souvenir du Jubilé
1875

DON DES PARRAINS ET MARRAINES DES TROIS CLOCHES
ET DU CURÉ DE LA PAROISSE

J'AI EU POUR PARRAIN M. LAURENT RAVIT (1),
PRÉSIDENT DU CONSEIL DE FABRIQUE,
POUR MARRAINE Mme LOUISE FIGUET.

M. CHARLES SOUCHIER,
curé

M'A BAPTISÉE ET JE M'APPELLE

ANGELINE

JE CHANTE LES PETITS ANGES QUI NAISSENT SUR LA TERRE
ET CEUX QUI D'ICI-BAS S'ENVOLENT AUX CIEUX.

LE CHATEAU DE CHATEAUNEUF

formé d'un pavillon central carré et de deux ailes, domine le village à l'ouest.

Il appartient à trois époques bien distinctes.

Le pavillon central et l'aile du nord ont été bâtis sur des

----

(1) M. Laurent Ravit est né à Saint-Martin-d'Août, le 21 décembre 1813 ; il fut d'abord notaire à Faramans, dans le canton de la Côte-Saint-André (Isère) et ensuite notaire à Châteauneuf depuis 1853 jusqu'en 1882, époque où il céda son étude à l'un de ses enfants. Il est décédé à l'âge de 80 ans, le 21 mai 1893.

restes d'anciennes substructions, peut-être romaines ou gallo-romaines.

Nous croyons avoir retrouvé des restes gallo-romains, dans le mur nord-ouest de l'aile nord et du pavillon central du château. C'était d'ailleurs ce château qui avait donné son nom à la localité : *Castrum novum de galabro*, château-neuf-de-Galaure.

Dans la partie supérieure, des restaurations modernes, un badigeon moderne des fenêtres remaniées à une époque moderne, ne nous ont pas permis de déterminer avec exactitude le caractère de cette construction ; mais un contrefort droit et carré en grand appareil molasse, à l'angle nord, une meurtrière en grand appareil, dans le même mur, une porte carrée, une petite fenêtre carrée avec ornements et moulures, un machicoulis placé au-dessus de la toiture du pavillon central, nous ont paru déterminer une construction du XIe ou XIIe siècle, en cailloux alternés avec des fragments de molasse petit appareil.

Les Montchenu occupant ce château, depuis le XIe siècle, il est naturel de penser qu'ils l'avaient élevé sur les ruines d'un édifice plus ancien. Nous ferons les mêmes remarques, pour le mur de clôture de la cour qui s'étend du nord-ouest au sud-ouest, entre le château et les écuries, et pour le mur nord-ouest des écuries longeant le chemin de Châteauneuf au Rhône.

Ce mur est élevé, dans plusieurs endroits, sur d'anciennes constructions se prolongeant au midi, le long d'un ravin profond.

Ces constructions, en cailloux et rochers, ont dû servir de remparts ou de murs d'enceinte au château et doivent remonter aux XIe ou XIIe siècles ; sur plusieurs points, elles ont été réparées et agrandies à une époque moderne, mais des anciennes substructions existent encore dans les murs nord-ouest et sud-est.

Ces vestiges n'auraient-ils pas succédé eux-mêmes à une enceinte gallo-romaine, ou n'en feraient-ils pas encore partie ? Nous ne sommes pas éloigné de le croire.

En outre, on voyait encore, en nous reportant à une cinquantaine d'années en arrière, soit dans le ravin, soit plus bas, au sud-est, des restes de murailles très anciennes, en cailloux. Ces restes devaient être ceux de l'ancienne église romane de Saint-Jean-Porte-Latine démolie vers 1837, pour la construction du presbytère actuel ; ils devraient être contemporains au château, c'est-à-dire remontant au XIe ou XIIe siècle.

On sait, par tradition dans le pays, que cette ancienne église était la chapelle du château et qu'elle était romane et devait remonter au XIe ou XIIe siècle, comme le château.

Le pavillon central est construit, à l'est et au midi, en blocs énormes de molasse, grand appareil. L'aile nord contient un escalier tournant en molasse. Cet escalier bien dégradé paraît remonter à la fin du XVe siècle, ainsi qu'une porte de cave située au-dessus de l'escalier et une autre porte carrée, dans l'escalier même.

Les fenêtres éclairant le pavillon central et l'aile nord ont été remaniées en 1771, lors de la construction de l'aile toute moderne du midi ; ces fenêtres portent toutes le cachet du XVIIIe siècle, à part une ou deux paraissant conserver quelques vestiges des XVe et XVIe siècles.

L'intérieur de l'aile nord, en assez mauvais état, est divisé entre plusieurs propriétaires. A part l'escalier tournant en coquille, il ne présente rien de remarquable.

Quant au pavillon central, il offre aux visiteurs un salon Louis XV coupé en deux et très bien conservé, et une autre pièce servant de cuisine où le plancher paraît remonter au XVIe siècle. Dans un des salons Louis XV, on voit encore une peinture de cette époque, très bien conservée, avec enroulement au-dessus du cadre.

L'aile midi, toute moderne, bâtie en 1771, en grande partie démolie de nos jours, contient un escalier Louis XV, en molasse, de cinquante-trois marches, présentant deux mètres de longueur sur trente centimètres de largeur et autant d'espace entre les marches ; ce magnifique escalier est admirablement conservé.

Une salle, en partie détruite, et transformée en un hangar servant à remiser du bois, contient encore des peintures murales du XVIIIe siècle ; peintures assez bien conservées et représentant des ponts, des châteaux, des paysages.

Des murs de clôture et de soutènement coupent les jardins échelonnés en terrasse, à l'est, entre le château et le village.

On y voit encore, dans un mur, qui paraît de la fin du XVe siècle, avec une double rangée d'escaliers Louis XV, l'emplacement d'un tuyau de fontaine amenant les eaux dans un bassin situé au bas de l'escalier conduisant d'une terrasse à l'autre.

L'escalier Louis XV, dont nous venons de parler, est construit, avec un double rang de marches, au nord et au midi, il ramène le visiteur, du jardin inférieur, orné d'un bassin circulaire aux eaux claires et profondes, au jardin supérieur auquel le château fait face à l'est.

Près de l'aile nord, on voit un puits circulaire, qui va en s'évasant à l'intérieur ; ce puits, profond de cinq à six mètres et s'ouvrant à la surface du sol où une margelle paraissant du XVIe siècle, et haute de dix centimètres environ, l'entoure seule, pourrait bien avoir servi de glacière ; nous cherchons vainement une autre destination.

Nous aurions terminé la description du château, dont le premier étage et les combles ne présentent rien de remarquable et dont le pavillon central dominant les ailes de dix mètres environ, est couronné par une toiture en pente à quatre faces, composée de tuiles à crochets, s'il ne nous restait à parler d'une annexe du château.

Ce bâtiment est situé à l'ouest du mur qui supporte le pavillon et les deux ailes et se relie au nord-ouest.

Cette construction comprend une cuisine contenant une cheminée en molasse avec arceau en molasse également, de quatre mètres de longueur et trois mètres d'élévation au-dessus du sol. Cet arceau est supporté par des à-côtés, en blocs énormes de molasse, grand appareil, s'élevant jusqu'au toit. La gaine de la cheminée est en maçonnerie, elle comporte environ dix à douze mètres de hauteur sur un mètre cinquante centimètres environ de largeur. A une certaine hauteur, la largeur est moindre et n'atteint guère que soixante-dix à quatre-vingts centimètres. Un retrait en maçonnerie est formé à l'intérieur ; ce retrait appelé claie était destiné à supporter, de chaque côté, dans le sens de la largeur, des paillassons d'une certaine forme, superposés jusqu'à une certaine hauteur et contenant des châtaignes, qu'on faisait dessécher pour l'hiver.

Cette cheminée, par la forme de son arceau très surbaissé et très allongé, ne paraît pas remonter au-delà du XVIe siècle. D'ailleurs, l'absence de tout ornement ne permet pas de préciser une date bien certaine. Elle n'en est pas moins curieuse à signaler avec son four, en gros blocs de molasse dure et sans être réfractaire, pour la cuisson des viandes ; ce four existe, du côté droit de la cheminée, à un mètre cinquante centimètres environ du sol.

Terminons cette description du château, en disant un mot des écuries et du portail d'entrée.

Les écuries pouvant largement contenir quarante à cinquante chevaux, ne présentent rien de remarquable que leurs vastes proportions. Elles datent de 1771, époque de la restauration et agrandissement du château. On y voyait, autrefois, des plaques, où le nom de chaque cheval était inscrit à sa place.

Quant au portail, leurs deux piliers carrés Louis XV, entre lesquels se trouvait placé un grand portail de fer, qui a disparu après la révolution, s'élèvent de sept à huit mètres de hauteur sur quatre à cinq mètres de largeur ; leur construction ornementée de moulures de forme grecque, attire l'attention des visiteurs.

Il est tourné au nord-ouest, on y accédait par un chemin venant du village de Châteauneuf et se prolongeant le long des écuries, au sud-ouest.

Sur le pilier de gauche, on lit cette inscription placée à hauteur d'homme, en gros caractères :

8170 T^{tes}

DE

SAINT-VALLIER

ICI

(seize kilomètres, trois cent quarante mètres) de Saint-Vallier au château de Châteauneuf. Est-ce par Saint-Uze ou par le château de M. le comte de la Sizeranne à Beausemblant, où l'on passait autrefois ? Nous l'ignorons.

Châteauneuf et son château du XIe siècle avaient d'abord appartenu à la famille des Moirans, très ancienne en Dauphiné et venue de Moirans (Isère), pays d'une haute antiquité.

L'un des seigneurs de Moirans avait, en 1119, pris l'habit de Cistercien à *Bonnevaux*, avec le bienheureux Amédée d'Hauterives, depuis évêque de Lausanne.

Disons, en passant, que *Bonnevaux* était une maison dépendant de l'abbaye de Citeaux (trappistes), située dans la commune d'Arzay, canton de la Côte-Saint-André (Isère).

Cette abbaye fut fondée par Guy de Bourgogne, ancien archevêque de Vienne, et fait, cette même année (1119), pape, sous le nom de Calixte II.

Il ne reste plus aucun vestige de cette abbaye, anéantie par les révolutions et dont la destruction a été achevée de nos jours.

En 1271, Châteauneuf s'appelait comme aujourd'hui : Châteauneuf-de-Galaure, *Castrum Novum de Galabro*. C'était un fief qui reconnaissait la suzeraineté de l'archevêque de Vienne.

Les Montchenu ne possédaient exclusivement Châteauneuf que vers la fin du XIVe siècle. Les Moirans et les Montchenu, leurs alliés, en furent les seigneurs, de la fin du XIe à la fin du XIVe siècle.

En finissant, nous relaterons ici, d'après la tradition locale, un fait historique.

En 1792, à l'époque où les aspirations révolutionnaires se faisaient déjà jour, dans la vallée de Galaure, une vive et menaçante irritation commençant à se produire contre les seigneurs de Montchenu, par suite des droits seigneuriaux, ou plutôt de difficultés et procès avec la population, qui se plaignait beaucoup de leurs nombreux vols de pigeons et des dégâts qu'ils causaient aux récoltes.

Le seigneur de Montchenu fit venir une compagnie de dragons, de Tournon, pour garder le château.

Cette circonstance parut calmer, un instant, la population. Mais, après le départ des dragons, qui, d'après la tradition, avaient séjourné près de trois mois à Châteauneuf, un mouvement éclate ; la foule en fureur traîne hors de l'église, le banc des Montchenu et le brûle sur la place publique. Le château est envahi, un tableau de Louis XVI, dont le cadre est arraché, et une partie des archives sont également livrés aux flammes.

A la suite de ces faits, les Montchenu quittent définitivement le pays, pour se retirer d'abord à Montchenu, puis pour quitter la France.

Leur départ désarmant la colère du peuple de Châteauneuf, pendant la tourmente révolutionnaire, le château et tout le mobilier resta intact, comme le constate un acte notarié portant inventaire de ce mobilier, 26 vendémiaire an XI (octobre 1801.

Depuis, le château et son mobilier ayant été vendu en 1817, les archives restantes, depuis cette époque, ont été, en partie, détruites par un des acquéreurs du château divisé à cette époque entre plusieurs propriétaires, avec murs de séparation dans les jardins.

Une partie sauvée par un des descendants des Montchenu, a été transportée au château de Montchenu, où elle est conservée par les habitants actuels de ce château.

Le Chiry, par Châteauneuf-de-Galaure,
    le 8 décembre 1896.

Joseph BORDAS.

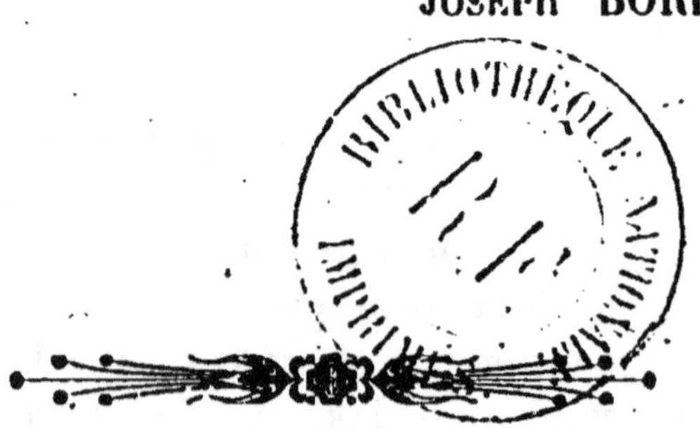

VALENCE. — IMPRIMERIE VALENTINOISE.

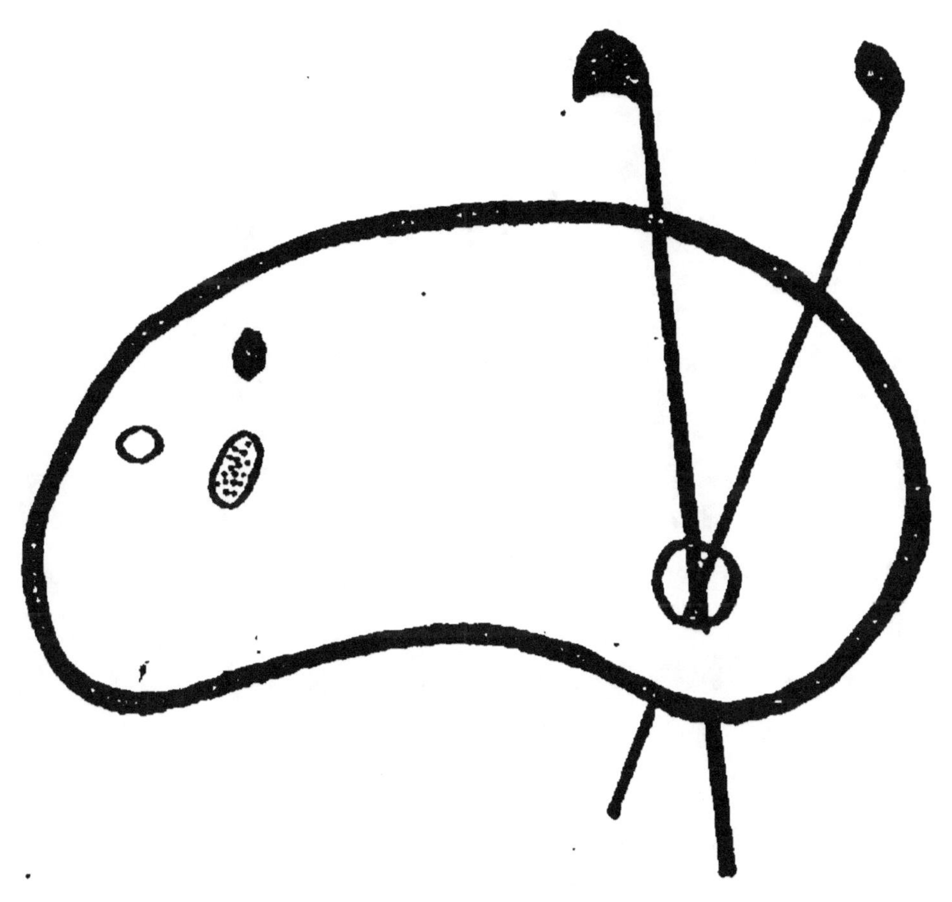

ORIGINAL EN COULEUR

NF Z 43-120-8

www.ingramcontent.com/pod-product-compliance
Lightning Source LLC
Chambersburg PA
CBHW071429030726
47594CB00006B/2645